Stimmungstagebuch
Das Selbsthilfebuch für Borderliner

– zum Ausfüllen und Ankreuzen –

AF140649

Impressum

Alle Rechte vorbehalten.

Copyright Doreen Schmidt

Dosdorf 12

99310 Arnstadt

Mail: doreenschmidt439@gmail.com

Dieses Buch gehört:

_____

Herzlich willkommen
zu deinem Stimmungstagebuch

Wenn man ein Borderliner ist, neigt man häufig zu starken Stimmungsschwankungen und verschiedenen emotionalen Anspannungsgraden. Hat man ein Tagebuch zur Hilfe, in das man ab und zu oder täglich seine Gefühle und Anspannungen notiert, kann dies im Zusammenhang mit anderen Aspekten eine grosse Hilfe sein. Ueber die Zeit kann man vielleicht bestimmte emotionale Muster oder Handlungsmuster erkennen. Durch dieses Erkennen und Ergründen kann man sich, als Borderliner, selbst helfen. Das vorliegende Buch soll dabei all jene unterstützen, die unter Borderline leiden und eine Selbsthilfe sein.

Dieses Tagebuch umfasst dabei
folgende Punkte:

Ueberwachung des Schlafes

Erfassung der momentanen Gefühlslage

Stärkung des Selbstbewusstseins und des Selbstwertes

ausführliche Reflektion über die momentanen Gefühle

Erkennen von besonders hoher Anspannung und Ueberlegungen wie diese verändert werden kann

zwischenmenschliche Konflikte und Ueberlegungen diese zu lösen

Wahren der eigenen Grenzen und lernen „Nein" zu sagen

Notizen über schöne und schlechte Ereignisse des Tages

Was mich gedanklich am meisten beschäftigt und wie ich diese
Gedanken kurzzeitig stoppen kann
Wie dieses Tagebuch entstanden ist

Ich bin freischaffende Künstlerin und leide seit Jahren an den verschiedensten psychischen Erkrankungen. Unter anderem habe ich eine Borderline-Störung vom Typ „emotional-instabil". Dieses Tagebuch entstand zunächst nur als Hilfe für mich. Ich suchte einen Weg meine Gefühle und Gedanken so effizient wie möglich niederschreiben zu können, ohne lange Tagebuchtexte verfassen zu müssen. So entstanden dann auch die Fragen, die in diesem Buch vorliegen. Mir hatte dies von Anfang an gefallen und viel geholfen. Ich hoffe, ich kann mit diesem Buch auch andere Menschen mit Borderline unterstützen und helfen!

Jetzt wünsche ich viel Spass beim Ausfüllen und Schreiben!

Ein neuer Tag beginnt........

Datum _____   Heute aufgestanden um _____Uhr
Wochentag _____   Eingeschlafen um   _____Uhr
                               Schlafdauer insgesamt _____h

So habe ich geschlafen: gut oder   schlecht, weil ich

☐   Alpträume   hatte
☐   Einschlafstörungen
☐   Durchschlaftstörungen
☐   Früherwachen

So fühle ich mich im Moment:

Energie ___ / 10   Anspannung   ___ / 10   Grübelei ___/ 10
Freude ___ / 10   Traurigkeit ___ / 10   Angst   ___/ 10
Antrieb ___ / 10   Wut   ___ / 10   Aerger   ___/ 10

Ich bin stolz auf mich, weil

_____
_____
_____
_____

Welche drei Gefühle herrschen im Moment in mir vor:

1. _____ 2.. _____3. _____

Warum fühle ich im Moment verstärkt:

Gefühl Nummer 1

——

——

——

——

Gefühl Nummer 2

——

——

——

——

Gefühl Nummer 3

——

——

——

——

Bin ich durch diese Gefühle im Moment besonders angespannt? Und wenn ja, was kann ich gegen diese Anspannung unternehmen?

——

——

——

——

——

——

Welche zwischenmenschlichen Konflikte habe ich im Moment?

_____

_____

_____

_____

_____

_____

_____

Wie könnte man diese lösen?

_____

_____

_____

_____

_____

_____

Notizen und Gedanken

_____

_____

_____

_____

_____

_____

Es ist Abend, der Tag neigt sich dem Ende zu....

So fühle ich mich im Moment:

Energie ___ / 10	Anspannung ___ / 10	Grübelei ___/ 10
Freude ___ / 10	Traurigkeit ___ / 10	Angst ___/ 10
Antrieb ___ / 10	Wut ___ / 10	Aerger ___/ 10

Wann hatte ich heute am Tag die grösste Anspannung gehabt und warum?

_____

_____

_____

_____

Habe ich heute etwas gemacht, bei dem ich lieber auf mich Acht gegeben hätte
und ich „Nein" sagen sollte?   ja/nein
Wenn ja, um was hat es sich gehandelt?

_____

_____

_____

_____

Wann ging es mir heute besonders gut und warum?

_____

_____

_____

_____

Ueber was habe ich mich heute gefreut?

_____

_____

_____

_____

Ueber was habe ich mich heute geärgert?

_____

_____

_____

_____

Was habe ich heute ganz besonders gut gemacht und mit was habe ich mich dann belohnt?

_____

_____

_____

_____

Würde ich morgen etwas anders machen und wenn ja, was?

_____

_____

———————————————————————————

———————————————————————————

Das hat mich heute gedanklich am meisten beschäftigt:

———————————————————————————

———————————————————————————

———————————————————————————

———————————————————————————

———————————————————————————

———————————————————————————

———————————————————————————

———————————————————————————

———————————————————————————

———————————————————————————

———————————————————————————

———————————————————————————

———————————————————————————.

———————————————————————————

———————————————————————————

———————————————————————————

———————————————————————————

———————————————————————————

———————————————————————————.

.und diese Gedanken lasse ich jetzt an mir vorbeiziehen, weil ich auch morgen noch darüber nachdenken kann.

Ich wünsche mir eine Gute Nacht und freue mich auf den nächsten Tag!

Ein neuer Tag beginnt........

Datum _____   Heute aufgestanden um _____Uhr
Wochentag _____   Eingeschlafen um   _____Uhr
                                Schlafdauer insgesamt _____h

So habe ich geschlafen: gut oder   schlecht, weil ich
  ☐   Alpträume   hatte
  ☐   Einschlafstörungen
  ☐   Durchschlaftstörungen
  ☐   Früherwachen

So fühle ich mich im Moment:

Energie ___ / 10   Anspannung ___ / 10   Grübelei ___/ 10
Freude ___ / 10   Traurigkeit ___ / 10   Angst   ___/ 10
Antrieb ___ / 10   Wut   ___ / 10   Aerger   ___/ 10

Ich bin stolz auf mich, weil

_____

_____

_____

_____

Welche drei Gefühle herrschen im Moment in mir vor:

1. _____ 2.. _____3. _____

Warum fühle ich im Moment verstärkt:

Gefühl Nummer 1

_____

_____

_____

_____

Gefühl Nummer 2

_____

_____

_____

_____

Gefühl Nummer 3

_____

_____

_____

_____

Bin ich durch diese Gefühle im Moment besonders angespannt? Und wenn ja, was kann ich gegen diese Anspannung unternehmen?

_____

_____

_____

_____

_____

_____

Welche zwischenmenschlichen Konflikte habe ich im Moment?

_____

_____

_____

_____

_____

_____

_____

Wie könnte man diese lösen?

_____

_____

_____

_____

_____

_____

Notizen und Gedanken

_____

_____

_____

_____

_____

_____

Es ist Abend, der Tag neigt sich dem Ende zu....

So fühle ich mich im Moment:

Energie ___ / 10	Anspannung ___ / 10	Grübelei ___/ 10
Freude ___ / 10	Traurigkeit ___ / 10	Angst ___/ 10
Antrieb ___ / 10	Wut ___ / 10	Aerger ___/ 10

Wann hatte ich heute am Tag die grösste Anspannung gehabt und warum?

_____

_____

_____

_____

Habe ich heute etwas gemacht, bei dem ich lieber auf mich Acht gegeben hätte
und ich „Nein" sagen sollte?   ja/nein
Wenn ja, um was hat es sich gehandelt?

_____

_____

_____

_____

Wann ging es mir heute besonders gut und warum?

_____

_____

_____

_____

Ueber was habe ich mich heute gefreut?

_____

_____

_____

_____

Ueber was habe ich mich heute geärgert?

_____

_____

_____

_____

Was habe ich heute ganz besonders gut gemacht und mit was habe ich mich dann belohnt?

_____

_____

_____

_____

Würde ich morgen etwas anders machen und wenn ja, was?

_____

_____

_____

_____

Das hat mich heute gedanklich am meisten beschäftigt:

_____

_____

_____

_____

_____

_____

_____

_____

_____

_____

_____

_____

_____.

_____

_____

_____

_____.

...und diese Gedanken lasse ich jetzt an mir vorbeiziehen, weil ich auch morgen noch darüber nachdenken kann.

Ich wünsche mir eine Gute Nacht und freue mich auf den nächsten Tag!

Ein neuer Tag beginnt........

Datum _____   Heute aufgestanden um _____Uhr

Wochentag _____   Eingeschlafen um   _____Uhr

                               Schlafdauer insgesamt _____h

So habe ich geschlafen: gut oder   schlecht, weil ich

☐   Alpträume   hatte

☐   Einschlafstörungen

☐   Durchschlaftstörungen

☐   Früherwachen

So fühle ich mich im Moment:

Energie ___ / 10   Anspannung   ___ / 10   Grübelei ___/ 10

Freude ___ / 10   Traurigkeit   ___ / 10   Angst   ___/ 10

Antrieb ___ / 10   Wut   ___ / 10   Aerger   ___/ 10

Ich bin stolz auf mich, weil

_____

_____

_____

_____

Welche drei Gefühle herrschen im Moment in mir vor:

1. _____ 2.. _____3. _____

Warum fühle ich im Moment verstärkt:

Gefühl Nummer 1

_____

_____

_____

_____

Gefühl Nummer 2

_____

_____

_____

_____

Gefühl Nummer 3

_____

_____

_____

_____

Bin ich durch diese Gefühle im Moment besonders angespannt? Und wenn ja, was kann ich gegen diese Anspannung unternehmen?

_____

_____

_____

_____

_____

_____

Welche zwischenmenschlichen Konflikte habe ich im Moment?

_____

_____

_____

_____

_____

_____

_____

Wie könnte man diese lösen?

_____

_____

_____

_____

_____

_____

Notizen und Gedanken

_____

_____

_____

_____

_____

_____

Es ist Abend, der Tag neigt sich dem Ende zu....

So fühle ich mich im Moment:

Energie ___ / 10   Anspannung ___ / 10   Gröbelei ___/ 10

Freude ___ / 10   Traurigkeit ___ / 10   Angst ___/ 10

Antrieb ___ / 10   Wut ___ / 10   Aerger ___/ 10

Wann hatte ich heute am Tag die grösste Anspannung gehabt und warum?

_____

_____

_____

_____

Habe ich heute etwas gemacht, bei dem ich lieber auf mich Acht gegeben hätte
und ich „Nein" sagen sollte?   ja/nein
Wenn ja, um was hat es sich gehandelt?

_____

_____

_____

_____

Wann ging es mir heute besonders gut und warum?

_____

_____

_____

_____

Ueber was habe ich mich heute gefreut?

_____

_____

_____

_____

Ueber was habe ich mich heute geärgert?

_____

_____

_____

_____

Was habe ich heute ganz besonders gut gemacht und mit was habe ich mich dann belohnt?

_____

_____

_____

_____

Würde ich morgen etwas anders machen und wenn ja, was?

_____

_____

_____

_____

Das hat mich heute gedanklich am meisten beschäftigt:

_____

_____

_____

_____

_____

_____

_____

_____

_____

_____

_____

_____

_____

_____.

_____

_____

_____

_____

_____.

.und diese Gedanken lasse ich jetzt an mir vorbeiziehen, weil ich auch morgen noch darüber nachdenken kann.

Ich wünsche mir eine Gute Nacht und freue mich auf den nächsten Tag!

Ein neuer Tag beginnt........

Datum _____   Heute aufgestanden um _____Uhr
Wochentag _____   Eingeschlafen um   _____Uhr
                               Schlafdauer insgesamt _____h

So habe ich geschlafen: gut oder   schlecht, weil ich
- ☐   Alpträume   hatte
- ☐   Einschlafstörungen
- ☐   Durchschlaftstörungen
- ☐   Früherwachen

So fühle ich mich im Moment:

Energie ___ / 10   Anspannung   ___ / 10   Grübelei ___ / 10
Freude ___ / 10   Traurigkeit ___ / 10   Angst   ___ / 10
Antrieb ___ / 10   Wut   ___ / 10   Aerger   ___ / 10

Ich bin stolz auf mich, weil

_____
_____
_____
_____

Welche drei Gefühle herrschen im Moment in mir vor:

1. _____ 2.. _____3. _____

Warum fühle ich im Moment verstärkt:

Gefühl Nummer 1

_____

_____

_____

_____

Gefühl Nummer 2

_____

_____

_____

_____

Gefühl Nummer 3

_____

_____

_____

_____

Bin ich durch diese Gefühle im Moment besonders angespannt? Und wenn ja, was kann ich gegen diese Anspannung unternehmen?

_____

_____

_____

_____

_____

_____

Welche zwischenmenschlichen Konflikte habe ich im Moment?

_____

_____

_____

_____

_____

_____

_____

Wie könnte man diese lösen?

_____

_____

_____

_____

_____

_____

Notizen und Gedanken

_____

_____

_____

_____

_____

_____

Es ist Abend, der Tag neigt sich dem Ende zu....

So fühle ich mich im Moment:

Energie ___ / 10	Anspannung ___ / 10	Grübelei ___/ 10
Freude ___ / 10	Traurigkeit ___ / 10	Angst ___/ 10
Antrieb ___ / 10	Wut ___ / 10	Aerger ___/ 10

Wann hatte ich heute am Tag die grösste Anspannung gehabt und warum?

_____

_____

_____

_____

Habe ich heute etwas gemacht, bei dem ich lieber auf mich Acht gegeben hätte
und ich „Nein" sagen sollte?   ja/nein
Wenn ja, um was hat es sich gehandelt?

_____

_____

_____

_____

Wann ging es mir heute besonders gut und warum?

_____

_____

_____

_____

Ueber was habe ich mich heute gefreut?

_____

_____

_____

_____

Ueber was habe ich mich heute geärgert?

_____

_____

_____

_____

Was habe ich heute ganz besonders gut gemacht und mit was habe ich mich dann belohnt?

_____

_____

_____

_____

Würde ich morgen etwas anders machen und wenn ja, was?

_____

_____

_____
_____

Das hat mich heute gedanklich am meisten beschäftigt:

_____

_____

_____

_____

_____

_____

_____

_____

_____

_____

_____

_____

_____.

_____

_____

_____

_____

_____.

...und diese Gedanken lasse ich jetzt an mir vorbeiziehen, weil ich auch morgen
noch darüber nachdenken kann.
Ich wünsche mir eine Gute Nacht und freue mich auf den nächsten Tag!

Ein neuer Tag beginnt........

Datum _____   Heute aufgestanden um _____Uhr
Wochentag _____   Eingeschlafen um   _____Uhr
                               Schlafdauer insgesamt _____h

So habe ich geschlafen: gut oder   schlecht, weil ich
   ☐   Alpträume   hatte
   ☐   Einschlafstörungen
   ☐   Durchschlaftstörungen
   ☐   Früherwachen

So fühle ich mich im Moment:

Energie ___ / 10   Anspannung   ___ / 10   Grübelei ___ / 10
Freude ___ / 10   Traurigkeit   ___ / 10   Angst   ___ / 10
Antrieb ___ / 10   Wut   ___ / 10   Aerger   ___ / 10

Ich bin stolz auf mich, weil

_____
_____
_____
_____

Welche drei Gefühle herrschen im Moment in mir vor:

1. _____ 2.. _____3. _____

Warum fühle ich im Moment verstärkt:

Gefühl Nummer 1

————————————————————————————————————

————————————————————————————————————

————————————————————————————————————

————————————————————————————————————

Gefühl Nummer 2

————————————————————————————————————

————————————————————————————————————

————————————————————————————————————

————————————————————————————————————

Gefühl Nummer 3

————————————————————————————————————

————————————————————————————————————

————————————————————————————————————

————————————————————————————————————

Bin ich durch diese Gefühle im Moment besonders angespannt? Und wenn ja, was kann ich gegen diese Anspannung unternehmen?

————————————————————————————————————

————————————————————————————————————

————————————————————————————————————

————————————————————————————————————

————————————————————————————————————

————————————————————————————————————

Welche zwischenmenschlichen Konflikte habe ich im Moment?

_____

_____

_____

_____

_____

_____

_____

Wie könnte man diese lösen?

_____

_____

_____

_____

_____

_____

Notizen und Gedanken

_____

_____

_____

_____

_____

_____

Es ist Abend, der Tag neigt sich dem Ende zu....

So fühle ich mich im Moment:

Energie ___ / 10	Anspannung ___ / 10	Grübelei ___ / 10
Freude ___ / 10	Traurigkeit ___ / 10	Angst ___ / 10
Antrieb ___ / 10	Wut ___ / 10	Aerger ___ / 10

Wann hatte ich heute am Tag die grösste Anspannung gehabt und warum?

_____

_____

_____

_____

Habe ich heute etwas gemacht, bei dem ich lieber auf mich Acht gegeben hätte
und ich „Nein" sagen sollte?   ja/nein
Wenn ja, um was hat es sich gehandelt?

_____

_____

_____

_____

Wann ging es mir heute besonders gut und warum?

_____

_____

_____

_____

Ueber was habe ich mich heute gefreut?

_____

_____

_____

_____

Ueber was habe ich mich heute geärgert?

_____

_____

_____

_____

Was habe ich heute ganz besonders gut gemacht und mit was habe ich mich dann belohnt?

_____

_____

_____

_____

Würde ich morgen etwas anders machen und wenn ja, was?

_____

_____

_____

_____

Das hat mich heute gedanklich am meisten beschäftigt:

_____

_____

_____

_____

_____

_____

_____

_____

_____

_____

_____

_____

_____.

_____

_____

_____

_____

_____.

...und diese Gedanken lasse ich jetzt an mir vorbeiziehen, weil ich auch morgen noch darüber nachdenken kann.

Ich wünsche mir eine Gute Nacht und freue mich auf den nächsten Tag!

Ein neuer Tag beginnt........

Datum _____   Heute aufgestanden um _____Uhr
Wochentag _____   Eingeschlafen um   _____Uhr
                               Schlafdauer insgesamt _____h

So habe ich geschlafen: gut oder   schlecht, weil ich
  ☐   Alpträume   hatte
  ☐   Einschlafstörungen
  ☐   Durchschlaftstörungen
  ☐   Früherwachen

So fühle ich mich im Moment:

Energie ___ / 10   Anspannung   ___ / 10   Grübelei ___ / 10

Freude ___ / 10   Traurigkeit   ___ / 10   Angst   ___ / 10

Antrieb ___ / 10   Wut   ___ / 10   Aerger   ___ / 10

Ich bin stolz auf mich, weil

_____

_____

_____

_____

Welche drei Gefühle herrschen im Moment in mir vor:

1. _____ 2.. _____3. _____

Warum fühle ich im Moment verstärkt:

Gefühl Nummer 1

_____

_____

_____

_____

Gefühl Nummer 2

_____

_____

_____

_____

Gefühl Nummer 3

_____

_____

_____

_____

Bin ich durch diese Gefühle im Moment besonders angespannt? Und wenn ja, was kann ich gegen diese Anspannung unternehmen?

_____

_____

_____

_____

_____

_____

Welche zwischenmenschlichen Konflikte habe ich im Moment?

_____

_____

_____

_____

_____

_____

_____

Wie könnte man diese lösen?

_____

_____

_____

_____

_____

_____

Notizen und Gedanken

_____

_____

_____

_____

_____

_____

Es ist Abend, der Tag neigt sich dem Ende zu....

So fühle ich mich im Moment:

Energie ___ / 10	Anspannung ___ / 10	Grübelei ___/ 10
Freude ___ / 10	Traurigkeit ___ / 10	Angst ___/ 10
Antrieb ___ / 10	Wut ___ / 10	Aerger ___/ 10

Wann hatte ich heute am Tag die grösste Anspannung gehabt und warum?

_____

_____

_____

_____

Habe ich heute etwas gemacht, bei dem ich lieber auf mich Acht gegeben hätte
und ich „Nein" sagen sollte?   ja/nein
Wenn ja, um was hat es sich gehandelt?

_____

_____

_____

_____

Wann ging es mir heute besonders gut und warum?

_____

_____

_____

_____

Ueber was habe ich mich heute gefreut?

_____

_____

_____

_____

Ueber was habe ich mich heute geärgert?

_____

_____

_____

_____

Was habe ich heute ganz besonders gut gemacht und mit was habe ich mich dann belohnt?

_____

_____

_____

_____

Würde ich morgen etwas anders machen und wenn ja, was?

_____

_____

_____

_____

Das hat mich heute gedanklich am meisten beschäftigt:

_____

_____

_____

_____

_____

_____

_____

_____

_____

_____

_____

_____

_____.

_____

_____

_____

_____

_____.

.und diese Gedanken lasse ich jetzt an mir vorbeiziehen, weil ich auch morgen noch darüber nachdenken kann.

Ich wünsche mir eine Gute Nacht und freue mich auf den nächsten Tag!

Ein neuer Tag beginnt........

Datum _____   Heute aufgestanden um _____Uhr
Wochentag _____   Eingeschlafen um   _____Uhr
                               Schlafdauer insgesamt _____h

So habe ich geschlafen: gut oder   schlecht, weil ich
  ☐   Alpträume   hatte
  ☐   Einschlafstörungen
  ☐   Durchschlaftstörungen
  ☐   Früherwachen

So fühle ich mich im Moment:

Energie ___ / 10   Anspannung   ___ / 10   Grübelei ___/ 10
Freude ___ / 10   Traurigkeit ___ / 10   Angst   ___/ 10
Antrieb ___ / 10   Wut   ___ / 10   Aerger   ___/ 10

Ich bin stolz auf mich, weil

_____

_____

_____

_____

Welche drei Gefühle herrschen im Moment in mir vor:

1. _____ 2.. _____3. _____

Warum fühle ich im Moment verstärkt:

Gefühl Nummer 1

——————————————————————————————————

——————————————————————————————————

——————————————————————————————————

——————————————————————————————————

Gefühl Nummer 2

——————————————————————————————————

——————————————————————————————————

——————————————————————————————————

——————————————————————————————————

Gefühl Nummer 3

——————————————————————————————————

——————————————————————————————————

——————————————————————————————————

——————————————————————————————————

Bin ich durch diese Gefühle im Moment besonders angespannt? Und wenn ja, was kann ich gegen diese Anspannung unternehmen?

——————————————————————————————————

——————————————————————————————————

——————————————————————————————————

——————————————————————————————————

——————————————————————————————————

——————————————————————————————————

Welche zwischenmenschlichen Konflikte habe ich im Moment?

_____

_____

_____

_____

_____

_____

_____

Wie könnte man diese lösen?

_____

_____

_____

_____

_____

_____

Notizen und Gedanken

_____

_____

_____

_____

_____

_____

Es ist Abend, der Tag neigt sich dem Ende zu....

So fühle ich mich im Moment:

Energie ___ / 10   Anspannung ___ / 10   Grübelei ___/ 10

Freude ___ / 10   Traurigkeit ___ / 10   Angst   ___/ 10

Antrieb ___ / 10   Wut   ___ / 10   Aerger ___/ 10

Wann hatte ich heute am Tag die grösste Anspannung gehabt und warum?

_____

_____

_____

_____

Habe ich heute etwas gemacht, bei dem ich lieber auf mich Acht gegeben hätte
und ich „Nein" sagen sollte?   ja/nein
Wenn ja, um was hat es sich gehandelt?

_____

_____

_____

_____

Wann ging es mir heute besonders gut und warum?

_____

_____

_____

_____

Ueber was habe ich mich heute gefreut?

_____

_____

_____

_____

Ueber was habe ich mich heute geärgert?

_____

_____

_____

_____

Was habe ich heute ganz besonders gut gemacht und mit was habe ich mich dann belohnt?

_____

_____

_____

_____

Würde ich morgen etwas anders machen und wenn ja, was?

_____

_____

———————————————————————————————

———————————————————————————————

Das hat mich heute gedanklich am meisten beschäftigt:

———————————————————————————————

———————————————————————————————

———————————————————————————————

———————————————————————————————

———————————————————————————————

———————————————————————————————

———————————————————————————————

———————————————————————————————

———————————————————————————————

———————————————————————————————

———————————————————————————————

———————————————————————————————.

———————————————————————————————

———————————————————————————————

———————————————————————————————

———————————————————————————————

———————————————————————————————.

.und diese Gedanken lasse ich jetzt an mir vorbeiziehen, weil ich auch morgen noch darüber nachdenken kann.
Ich wünsche mir eine Gute Nacht und freue mich auf den nächsten Tag!

Ein neuer Tag beginnt........

Datum _____   Heute aufgestanden um _____Uhr
Wochentag _____   Eingeschlafen um   _____Uhr
                               Schlafdauer insgesamt _____h

So habe ich geschlafen: gut oder   schlecht, weil ich
- ☐ Alpträume   hatte
- ☐ Einschlafstörungen
- ☐ Durchschlaftstörungen
- ☐ Früherwachen

So fühle ich mich im Moment:

Energie ___ / 10	Anspannung ___ / 10	Grübelei ___/ 10
Freude ___ / 10	Traurigkeit ___ / 10	Angst ___/ 10
Antrieb ___ / 10	Wut ___ / 10	Aerger ___/ 10

Ich bin stolz auf mich, weil

_____

_____

_____

_____

Welche drei Gefühle herrschen im Moment in mir vor:

1. _____ 2.. _____3. _____

Warum fühle ich im Moment verstärkt:

Gefühl Nummer 1

_____

_____

_____

_____

Gefühl Nummer 2

_____

_____

_____

_____

Gefühl Nummer 3

_____

_____

_____

_____

Bin ich durch diese Gefühle im Moment besonders angespannt? Und wenn ja, was kann ich gegen diese Anspannung unternehmen?

_____

_____

_____

_____

_____

_____

Welche zwischenmenschlichen Konflikte habe ich im Moment?

_____

_____

_____

_____

_____

_____

_____

Wie könnte man diese lösen?

_____

_____

_____

_____

_____

_____

Notizen und Gedanken

_____

_____

_____

_____

_____

_____

Es ist Abend, der Tag neigt sich dem Ende zu....

So fühle ich mich im Moment:

Energie ___ / 10   Anspannung ___ / 10   Grübelei ___ / 10

Freude ___ / 10   Traurigkeit ___ / 10   Angst ___ / 10

Antrieb ___ / 10   Wut ___ / 10   Aerger ___ / 10

Wann hatte ich heute am Tag die grösste Anspannung gehabt und warum?

_____

_____

_____

_____

Habe ich heute etwas gemacht, bei dem ich lieber auf mich Acht gegeben hätte
und ich „Nein" sagen sollte?   ja/nein
Wenn ja, um was hat es sich gehandelt?

_____

_____

_____

_____

Wann ging es mir heute besonders gut und warum?

_____

_____

_____

_____

Ueber was habe ich mich heute gefreut?

_____

_____

_____

_____

Ueber was habe ich mich heute geärgert?

_____

_____

_____

_____

Was habe ich heute ganz besonders gut gemacht und mit was habe ich mich dann belohnt?

_____

_____

_____

_____

Würde ich morgen etwas anders machen und wenn ja, was?

_____

_____

_____

_____

Das hat mich heute gedanklich am meisten beschäftigt:

_____

_____

_____

_____

_____

_____

_____

_____

_____

_____

_____

_____

_____

_____.

_____

_____

_____

_____

_____.

..und diese Gedanken lasse ich jetzt an mir vorbeiziehen, weil ich auch morgen noch darüber nachdenken kann.
Ich wünsche mir eine Gute Nacht und freue mich auf den nächsten Tag!

Ein neuer Tag beginnt........

Datum _____   Heute aufgestanden um _____Uhr
Wochentag _____   Eingeschlafen um   _____Uhr
                               Schlafdauer insgesamt _____h

So habe ich geschlafen: gut oder   schlecht, weil ich

☐   Alpträume   hatte

☐   Einschlafstörungen

☐   Durchschlaftstörungen

☐   Früherwachen

So fühle ich mich im Moment:

Energie ___ / 10   Anspannung   ___ / 10   Grübelei ___/ 10

Freude ___ / 10   Traurigkeit ___ / 10   Angst   ___/ 10

Antrieb ___ / 10   Wut   ___ / 10   Aerger   ___/ 10

Ich bin stolz auf mich, weil

_____

_____

_____

_____

Welche drei Gefühle herrschen im Moment in mir vor:

1. _____ 2.. _____3. _____

Warum fühle ich im Moment verstärkt:

Gefühl Nummer 1

———————————————————————————————————
———————————————————————————————————
———————————————————————————————————
———————————————————————————————————

Gefühl Nummer 2

———————————————————————————————————
———————————————————————————————————
———————————————————————————————————
———————————————————————————————————

Gefühl Nummer 3

———————————————————————————————————
———————————————————————————————————
———————————————————————————————————
———————————————————————————————————

Bin ich durch diese Gefühle im Moment besonders angespannt? Und wenn ja, was kann ich gegen diese Anspannung unternehmen?

———————————————————————————————————
———————————————————————————————————
———————————————————————————————————
———————————————————————————————————
———————————————————————————————————
———————————————————————————————————

Welche zwischenmenschlichen Konflikte habe ich im Moment?

_____

_____

_____

_____

_____

_____

_____

Wie könnte man diese lösen?

_____

_____

_____

_____

_____

_____

Notizen und Gedanken

_____

_____

_____

_____

_____

_____

Es ist Abend, der Tag neigt sich dem Ende zu....

So fühle ich mich im Moment:

Energie ___ / 10   Anspannung   ___ / 10   Gröbelei ___/ 10

Freude ___ / 10   Traurigkeit ___ / 10   Angst   ___/ 10

Antrieb ___ / 10   Wut   ___ / 10   Aerger   ___/ 10

Wann hatte ich heute am Tag die grösste Anspannung gehabt und warum?

_____

_____

_____

_____

Habe ich heute etwas gemacht, bei dem ich lieber auf mich Acht gegeben hätte
und ich „Nein" sagen sollte?   ja/nein
Wenn ja, um was hat es sich gehandelt?

_____

_____

_____

_____

Wann ging es mir heute besonders gut und warum?

_____

_____

_____

_____

Ueber was habe ich mich heute gefreut?

_____

_____

_____

_____

Ueber was habe ich mich heute geärgert?

_____

_____

_____

_____

Was habe ich heute ganz besonders gut gemacht und mit was habe ich mich dann belohnt?

_____

_____

_____

_____

Würde ich morgen etwas anders machen und wenn ja, was?

_____

_____

_____

_____

Das hat mich heute gedanklich am meisten beschäftigt:

_____

_____

_____

_____

_____

_____

_____

_____

_____

_____

_____

_____

_____.

_____

_____

_____

_____.

.und diese Gedanken lasse ich jetzt an mir vorbeiziehen, weil ich auch morgen
noch darüber nachdenken kann.
Ich wünsche mir eine Gute Nacht und freue mich auf den nächsten Tag!

Ein neuer Tag beginnt........

Datum _____   Heute aufgestanden um _____Uhr
Wochentag _____   Eingeschlafen um   _____Uhr
                          Schlafdauer insgesamt _____h

So habe ich geschlafen: gut oder   schlecht, weil ich
- ☐ Alpträume   hatte
- ☐ Einschlafstörungen
- ☐ Durchschlaftstörungen
- ☐ Früherwachen

So fühle ich mich im Moment:

Energie ___ / 10   Anspannung   ___ / 10   Grübelei ___/ 10
Freude ___ / 10   Traurigkeit ___ / 10   Angst   ___/ 10
Antrieb ___ / 10   Wut   ___ / 10   Aerger   ___/ 10

Ich bin stolz auf mich, weil

_____

_____

_____

_____

Welche drei Gefühle herrschen im Moment in mir vor:

1. _____ 2.. _____ 3. _____

Warum fühle ich im Moment verstärkt:

Gefühl Nummer 1

———————————————————————————————————————

———————————————————————————————————————

———————————————————————————————————————

———————————————————————————————————————

Gefühl Nummer 2

———————————————————————————————————————

———————————————————————————————————————

———————————————————————————————————————

———————————————————————————————————————

Gefühl Nummer 3

———————————————————————————————————————

———————————————————————————————————————

———————————————————————————————————————

———————————————————————————————————————

Bin ich durch diese Gefühle im Moment besonders angespannt? Und wenn ja, was kann ich gegen diese Anspannung unternehmen?

———————————————————————————————————————

———————————————————————————————————————

———————————————————————————————————————

———————————————————————————————————————

———————————————————————————————————————

———————————————————————————————————————

Welche zwischenmenschlichen Konflikte habe ich im Moment?

_____

_____

_____

_____

_____

_____

_____

Wie könnte man diese lösen?

_____

_____

_____

_____

_____

_____

Notizen und Gedanken

_____

_____

_____

_____

_____

_____

Es ist Abend, der Tag neigt sich dem Ende zu....

So fühle ich mich im Moment:

Energie ___ / 10   Anspannung ___ / 10   Grübelei ___/ 10

Freude ___ / 10   Traurigkeit ___ / 10   Angst ___/ 10

Antrieb ___ / 10   Wut ___ / 10   Aerger ___/ 10

Wann hatte ich heute am Tag die grösste Anspannung gehabt und warum?

_____

_____

_____

_____

Habe ich heute etwas gemacht, bei dem ich lieber auf mich Acht gegeben hätte
und ich „Nein" sagen sollte?   ja/nein
Wenn ja, um was hat es sich gehandelt?

_____

_____

_____

_____

Wann ging es mir heute besonders gut und warum?

_____

_____

_____

_____

Ueber was habe ich mich heute gefreut?

_____

_____

_____

_____

Ueber was habe ich mich heute geärgert?

_____

_____

_____

_____

Was habe ich heute ganz besonders gut gemacht und mit was habe ich mich dann belohnt?

_____

_____

_____

_____

Würde ich morgen etwas anders machen und wenn ja, was?

_____

_____

——————————————————————————————————————

——————————————————————————————————————

Das hat mich heute gedanklich am meisten beschäftigt:

——————————————————————————————————————

——————————————————————————————————————

——————————————————————————————————————

——————————————————————————————————————

——————————————————————————————————————

——————————————————————————————————————

——————————————————————————————————————

——————————————————————————————————————

——————————————————————————————————————

——————————————————————————————————————

——————————————————————————————————————

——————————————————————————————————————

——————————————————————————————————————

———————————————————————————————————————.

——————————————————————————————————————

——————————————————————————————————————

——————————————————————————————————————

——————————————————————————————————————

——————————————————————————————————————

———————————————————————————————————————.

.und diese Gedanken lasse ich jetzt an mir vorbeiziehen, weil ich auch morgen noch darüber nachdenken kann.

Ich wünsche mir eine Gute Nacht und freue mich auf den nächsten Tag!

Ein neuer Tag beginnt........

Datum _____   Heute aufgestanden um _____Uhr

Wochentag _____   Eingeschlafen um   _____Uhr

                              Schlafdauer insgesamt _____h

So habe ich geschlafen: gut oder   schlecht, weil ich

☐   Alpträume   hatte

☐   Einschlafstörungen

☐   Durchschlaftstörungen

☐   Früherwachen

So fühle ich mich im Moment:

Energie ___ / 10   Anspannung   ___ / 10   Gröbelei ___/ 10

Freude ___ / 10   Traurigkeit ___ / 10   Angst   ___/ 10

Antrieb ___ / 10   Wut   ___ / 10   Aerger   ___/ 10

Ich bin stolz auf mich, weil

_____

_____

_____

_____

Welche drei Gefühle herrschen im Moment in mir vor:

1. _____ 2.. _____3. _____

Warum fühle ich im Moment verstärkt:

Gefühl Nummer 1

_____

_____

_____

_____

Gefühl Nummer 2

_____

_____

_____

_____

Gefühl Nummer 3

_____

_____

_____

_____

Bin ich durch diese Gefühle im Moment besonders angespannt? Und wenn ja, was kann ich gegen diese Anspannung unternehmen?

_____

_____

_____

_____

_____

_____

Welche zwischenmenschlichen Konflikte habe ich im Moment?

_____

_____

_____

_____

_____

_____

_____

Wie könnte man diese lösen?

_____

_____

_____

_____

_____

_____

Notizen und Gedanken

_____

_____

_____

_____

_____

_____

Es ist Abend, der Tag neigt sich dem Ende zu....

So fühle ich mich im Moment:

Energie ___ / 10	Anspannung ___ / 10	Grübelei ___ / 10
Freude ___ / 10	Traurigkeit ___ / 10	Angst ___ / 10
Antrieb ___ / 10	Wut ___ / 10	Aerger ___ / 10

Wann hatte ich heute am Tag die grösste Anspannung gehabt und warum?

_____

_____

_____

_____

Habe ich heute etwas gemacht, bei dem ich lieber auf mich Acht gegeben hätte
und ich „Nein" sagen sollte?   ja/nein
Wenn ja, um was hat es sich gehandelt?

_____

_____

_____

_____

Wann ging es mir heute besonders gut und warum?

_____

_____

_____

_____

Ueber was habe ich mich heute gefreut?

_____

_____

_____

_____

Ueber was habe ich mich heute geärgert?

_____

_____

_____

_____

Was habe ich heute ganz besonders gut gemacht und mit was habe ich mich dann belohnt?

_____

_____

_____

_____

Würde ich morgen etwas anders machen und wenn ja, was?

_____

_____

_____
_____

Das hat mich heute gedanklich am meisten beschäftigt:

_____

_____

_____

_____

_____

_____

_____

_____

_____

_____

_____

_____

_____.

_____

_____

_____

_____

_____

_____.

.und diese Gedanken lasse ich jetzt an mir vorbeiziehen, weil ich auch morgen
noch darüber nachdenken kann.
Ich wünsche mir eine Gute Nacht und freue mich auf den nächsten Tag!

Ein neuer Tag beginnt........

Datum _____   Heute aufgestanden um _____Uhr
Wochentag _____   Eingeschlafen um   _____Uhr
                             Schlafdauer insgesamt _____h

So habe ich geschlafen: gut oder   schlecht, weil ich
- ☐ Alpträume   hatte
- ☐ Einschlafstörungen
- ☐ Durchschlaftstörungen
- ☐ Früherwachen

So fühle ich mich im Moment:

Energie ___ / 10   Anspannung   ___ / 10   Grübelei ___/ 10
Freude ___ / 10   Traurigkeit ___ / 10   Angst   ___/ 10
Antrieb ___ / 10   Wut   ___ / 10   Aerger   ___/ 10

Ich bin stolz auf mich, weil

_____

_____

_____

_____

Welche drei Gefühle herrschen im Moment in mir vor:

1. _____ 2.. _____3. _____

Warum fühle ich im Moment verstärkt:

Gefühl Nummer 1

_____

_____

_____

_____

Gefühl Nummer 2

_____

_____

_____

_____

Gefühl Nummer 3

_____

_____

_____

_____

Bin ich durch diese Gefühle im Moment besonders angespannt? Und wenn ja, was kann ich gegen diese Anspannung unternehmen?

_____

_____

_____

_____

_____

_____

Welche zwischenmenschlichen Konflikte habe ich im Moment?

_____

_____

_____

_____

_____

_____

_____

Wie könnte man diese lösen?

_____

_____

_____

_____

_____

_____

Notizen und Gedanken

_____

_____

_____

_____

_____

_____

Es ist Abend, der Tag neigt sich dem Ende zu....

So fühle ich mich im Moment:

Energie ___ / 10   Anspannung ___ / 10   Grübelei ___/ 10

Freude ___ / 10   Traurigkeit ___ / 10   Angst ___/ 10

Antrieb ___ / 10   Wut ___ / 10   Aerger ___/ 10

Wann hatte ich heute am Tag die grösste Anspannung gehabt und warum?

_____

_____

_____

_____

Habe ich heute etwas gemacht, bei dem ich lieber auf mich Acht gegeben hätte und ich „Nein" sagen sollte?   ja/nein

Wenn ja, um was hat es sich gehandelt?

_____

_____

_____

_____

Wann ging es mir heute besonders gut und warum?

_____

_____

_____

_____

Ueber was habe ich mich heute gefreut?

_____

_____

_____

_____

Ueber was habe ich mich heute geärgert?

_____

_____

_____

_____

Was habe ich heute ganz besonders gut gemacht und mit was habe ich mich dann belohnt?

_____

_____

_____

_____

Würde ich morgen etwas anders machen und wenn ja, was?

_____

_____

_____
_____

Das hat mich heute gedanklich am meisten beschäftigt:

_____

_____

_____

_____

_____

_____

_____

_____

_____

_____

_____

_____

_____

_____.

_____

_____

_____

_____

_____

_____.

...und diese Gedanken lasse ich jetzt an mir vorbeiziehen, weil ich auch morgen noch darüber nachdenken kann.

Ich wünsche mir eine Gute Nacht und freue mich auf den nächsten Tag!

Ein neuer Tag beginnt........

Datum _____   Heute aufgestanden um _____Uhr

Wochentag _____   Eingeschlafen um   _____Uhr

                               Schlafdauer insgesamt _____h

So habe ich geschlafen: gut oder   schlecht, weil ich

☐   Alpträume   hatte

☐   Einschlafstörungen

☐   Durchschlaftstörungen

☐   Früherwachen

So fühle ich mich im Moment:

Energie ___ / 10   Anspannung   ___ / 10   Grübelei ___/ 10

Freude ___ / 10   Traurigkeit ___ / 10   Angst   ___/ 10

Antrieb ___ / 10   Wut   ___ / 10   Aerger   ___/ 10

Ich bin stolz auf mich, weil

_____

_____

_____

_____

Welche drei Gefühle herrschen im Moment in mir vor:

1. _____ 2.. _____3. _____

Warum fühle ich im Moment verstärkt:

Gefühl Nummer 1

_____

_____

_____

_____

Gefühl Nummer 2

_____

_____

_____

_____

Gefühl Nummer 3

_____

_____

_____

_____

Bin ich durch diese Gefühle im Moment besonders angespannt? Und wenn ja, was kann ich gegen diese Anspannung unternehmen?

_____

_____

_____

_____

_____

_____

Welche zwischenmenschlichen Konflikte habe ich im Moment?

_____

_____

_____

_____

_____

_____

_____

Wie könnte man diese lösen?

_____

_____

_____

_____

_____

_____

Notizen und Gedanken

_____

_____

_____

_____

_____

_____

Es ist Abend, der Tag neigt sich dem Ende zu....

So fühle ich mich im Moment:

Energie ___ / 10   Anspannung   ___ / 10   Grübelei ___/ 10

Freude ___ / 10   Traurigkeit ___ / 10   Angst   ___/ 10

Antrieb ___ / 10   Wut   ___ / 10   Aerger ___/ 10

Wann hatte ich heute am Tag die grösste Anspannung gehabt und warum?

_____

_____

_____

_____

Habe ich heute etwas gemacht, bei dem ich lieber auf mich Acht gegeben hätte
und ich „Nein" sagen sollte?   ja/nein
Wenn ja, um was hat es sich gehandelt?

_____

_____

_____

_____

Wann ging es mir heute besonders gut und warum?

_____

_____

_____

_____

Ueber was habe ich mich heute gefreut?

_____

_____

_____

_____

Ueber was habe ich mich heute geärgert?

_____

_____

_____

_____

Was habe ich heute ganz besonders gut gemacht und mit was habe ich mich dann belohnt?

_____

_____

_____

_____

Würde ich morgen etwas anders machen und wenn ja, was?

_____

_____

_____

_____

Das hat mich heute gedanklich am meisten beschäftigt:

_____

_____

_____

_____

_____

_____

_____

_____

_____

_____

_____

_____

_____.

_____

_____

_____

_____

_____.

.und diese Gedanken lasse ich jetzt an mir vorbeiziehen, weil ich auch morgen noch darüber nachdenken kann.

Ich wünsche mir eine Gute Nacht und freue mich auf den nächsten Tag!

Ein neuer Tag beginnt........

Datum _____   Heute aufgestanden um _____Uhr
Wochentag _____   Eingeschlafen um   _____Uhr
                               Schlafdauer insgesamt _____h

So habe ich geschlafen: gut oder   schlecht, weil ich

☐   Alpträume   hatte

☐   Einschlafstörungen

☐   Durchschlaftstörungen

☐   Früherwachen

So fühle ich mich im Moment:

Energie ___ / 10   Anspannung   ___ / 10   Grübelei ___/ 10

Freude ___ / 10   Traurigkeit ___ / 10   Angst   ___/ 10

Antrieb ___ / 10   Wut   ___ / 10   Aerger   ___/ 10

Ich bin stolz auf mich, weil

_____

_____

_____

_____

Welche drei Gefühle herrschen im Moment in mir vor:

1. _____ 2.. _____3. _____

Warum fühle ich im Moment verstärkt:

Gefühl Nummer 1

_____

_____

_____

_____

Gefühl Nummer 2

_____

_____

_____

_____

Gefühl Nummer 3

_____

_____

_____

_____

Bin ich durch diese Gefühle im Moment besonders angespannt? Und wenn ja, was kann ich gegen diese Anspannung unternehmen?

_____

_____

_____

_____

_____

_____

Welche zwischenmenschlichen Konflikte habe ich im Moment?

_____

_____

_____

_____

_____

_____

_____

Wie könnte man diese lösen?

_____

_____

_____

_____

_____

_____

Notizen und Gedanken

_____

_____

_____

_____

_____

_____

Es ist Abend, der Tag neigt sich dem Ende zu....

So fühle ich mich im Moment:

Energie ___ / 10   Anspannung ___ / 10   Grübelei ___/ 10

Freude ___ / 10   Traurigkeit ___ / 10   Angst ___/ 10

Antrieb ___ / 10   Wut ___ / 10   Aerger ___/ 10

Wann hatte ich heute am Tag die grösste Anspannung gehabt und warum?

_____

_____

_____

_____

Habe ich heute etwas gemacht, bei dem ich lieber auf mich Acht gegeben hätte und ich „Nein" sagen sollte?   ja/nein
Wenn ja, um was hat es sich gehandelt?

_____

_____

_____

_____

Wann ging es mir heute besonders gut und warum?

_____

_____

_____

_____

Ueber was habe ich mich heute gefreut?

_____

_____

_____

_____

Ueber was habe ich mich heute geärgert?

_____

_____

_____

_____

Was habe ich heute ganz besonders gut gemacht und mit was habe ich mich dann belohnt?

_____

_____

_____

_____

Würde ich morgen etwas anders machen und wenn ja, was?

_____

_____

_____
_____

Das hat mich heute gedanklich am meisten beschäftigt:

_____

_____

_____

_____

_____

_____

_____

_____

_____

_____

_____

_____

_____.

_____

_____

_____

_____

_____.

...und diese Gedanken lasse ich jetzt an mir vorbeiziehen, weil ich auch morgen
noch darüber nachdenken kann.
Ich wünsche mir eine Gute Nacht und freue mich auf den nächsten Tag!

Ein neuer Tag beginnt........

Datum _____   Heute aufgestanden um _____Uhr

Wochentag _____   Eingeschlafen um   _____Uhr

                          Schlafdauer insgesamt _____h

So habe ich geschlafen: gut oder   schlecht, weil ich

- ☐   Alpträume   hatte
- ☐   Einschlafstörungen
- ☐   Durchschlaftstörungen
- ☐   Früherwachen

So fühle ich mich im Moment:

Energie ___ / 10   Anspannung   ___ / 10   Grübelei ___/ 10

Freude ___ / 10   Traurigkeit ___ / 10   Angst   ___/ 10

Antrieb ___ / 10   Wut   ___ / 10   Aerger   ___/ 10

Ich bin stolz auf mich, weil

_____

_____

_____

_____

Welche drei Gefühle herrschen im Moment in mir vor:

1. _____ 2.. _____ 3. _____

Warum fühle ich im Moment verstärkt:

Gefühl Nummer 1

_____

_____

_____

_____

Gefühl Nummer 2

_____

_____

_____

_____

Gefühl Nummer 3

_____

_____

_____

_____

Bin ich durch diese Gefühle im Moment besonders angespannt? Und wenn ja, was kann ich gegen diese Anspannung unternehmen?

_____

_____

_____

_____

_____

_____

Welche zwischenmenschlichen Konflikte habe ich im Moment?

_____

_____

_____

_____

_____

_____

_____

Wie könnte man diese lösen?

_____

_____

_____

_____

_____

_____

Notizen und Gedanken

_____

_____

_____

_____

_____

_____

Es ist Abend, der Tag neigt sich dem Ende zu....

So fühle ich mich im Moment:

Energie ___ / 10   Anspannung ___ / 10   Grübelei ___/ 10

Freude ___ / 10   Traurigkeit ___ / 10   Angst ___/ 10

Antrieb ___ / 10   Wut ___ / 10   Aerger ___/ 10

Wann hatte ich heute am Tag die grösste Anspannung gehabt und warum?

_____

_____

_____

_____

Habe ich heute etwas gemacht, bei dem ich lieber auf mich Acht gegeben hätte
und ich „Nein" sagen sollte?   ja/nein
Wenn ja, um was hat es sich gehandelt?

_____

_____

_____

_____

Wann ging es mir heute besonders gut und warum?

_____

_____

_____

_____

Ueber was habe ich mich heute gefreut?

_____

_____

_____

_____

Ueber was habe ich mich heute geärgert?

_____

_____

_____

_____

Was habe ich heute ganz besonders gut gemacht und mit was habe ich mich dann belohnt?

_____

_____

_____

_____

Würde ich morgen etwas anders machen und wenn ja, was?

_____

_____

_____

_____

Das hat mich heute gedanklich am meisten beschäftigt:

_____

_____

_____

_____

_____

_____

_____

_____

_____

_____

_____

_____

_____.

_____

_____

_____

_____

_____.

.und diese Gedanken lasse ich jetzt an mir vorbeiziehen, weil ich auch morgen
noch darüber nachdenken kann.
Ich wünsche mir eine Gute Nacht und freue mich auf den nächsten Tag!

Ein neuer Tag beginnt........

Datum _____   Heute aufgestanden um _____Uhr

Wochentag _____   Eingeschlafen um   _____Uhr

                               Schlafdauer insgesamt _____h

So habe ich geschlafen: gut oder   schlecht, weil ich

☐   Alpträume   hatte

☐   Einschlafstörungen

☐   Durchschlaftstörungen

☐   Früherwachen

So fühle ich mich im Moment:

Energie ___ / 10   Anspannung   ___ / 10   Grübelei ___/ 10

Freude ___ / 10   Traurigkeit ___ / 10   Angst   ___/ 10

Antrieb ___ / 10   Wut   ___ / 10   Aerger   ___/ 10

Ich bin stolz auf mich, weil

_____

_____

_____

_____

Welche drei Gefühle herrschen im Moment in mir vor:

1. _____ 2.. _____3. _____

Warum fühle ich im Moment verstärkt:

Gefühl Nummer 1

_____

_____

_____

_____

Gefühl Nummer 2

_____

_____

_____

_____

Gefühl Nummer 3

_____

_____

_____

_____

Bin ich durch diese Gefühle im Moment besonders angespannt? Und wenn ja, was kann ich gegen diese Anspannung unternehmen?

_____

_____

_____

_____

_____

_____

Welche zwischenmenschlichen Konflikte habe ich im Moment?

_____

_____

_____

_____

_____

_____

_____

Wie könnte man diese lösen?

_____

_____

_____

_____

_____

_____

Notizen und Gedanken

_____

_____

_____

_____

_____

_____

Es ist Abend, der Tag neigt sich dem Ende zu....

So fühle ich mich im Moment:

Energie ___ / 10   Anspannung ___ / 10   Grübelei ___/ 10

Freude ___ / 10   Traurigkeit ___ / 10   Angst   ___/ 10

Antrieb ___ / 10   Wut   ___ / 10   Aerger ___/ 10

Wann hatte ich heute am Tag die grösste Anspannung gehabt und warum?

_____

_____

_____

_____

Habe ich heute etwas gemacht, bei dem ich lieber auf mich Acht gegeben hätte
und ich „Nein" sagen sollte?   ja/nein
Wenn ja, um was hat es sich gehandelt?

_____

_____

_____

_____

Wann ging es mir heute besonders gut und warum?

_____

_____

_____

_____

Ueber was habe ich mich heute gefreut?

_____

_____

_____

_____

Ueber was habe ich mich heute geärgert?

_____

_____

_____

_____

Was habe ich heute ganz besonders gut gemacht und mit was habe ich mich dann belohnt?

_____

_____

_____

_____

Würde ich morgen etwas anders machen und wenn ja, was?

_____

_____

————————————————————————————————————

————————————————————————————————————

Das hat mich heute gedanklich am meisten beschäftigt:

————————————————————————————————————

————————————————————————————————————

————————————————————————————————————

————————————————————————————————————

————————————————————————————————————

————————————————————————————————————

————————————————————————————————————

————————————————————————————————————

————————————————————————————————————

————————————————————————————————————

————————————————————————————————————

————————————————————————————————————.

————————————————————————————————————

————————————————————————————————————

————————————————————————————————————

————————————————————————————————————

————————————————————————————————————.

.und diese Gedanken lasse ich jetzt an mir vorbeiziehen, weil ich auch morgen
noch darüber nachdenken kann.
Ich wünsche mir eine Gute Nacht und freue mich auf den nächsten Tag!

Ein neuer Tag beginnt........

Datum _____   Heute aufgestanden um _____Uhr
Wochentag _____   Eingeschlafen um   _____Uhr
                               Schlafdauer insgesamt _____h

So habe ich geschlafen: gut oder   schlecht, weil ich
- ☐ Alpträume   hatte
- ☐ Einschlafstörungen
- ☐ Durchschlaftstörungen
- ☐ Früherwachen

So fühle ich mich im Moment:

Energie ___ / 10   Anspannung   ___ / 10   Grübelei ___/ 10

Freude ___ / 10   Traurigkeit ___ / 10   Angst   ___/ 10

Antrieb ___ / 10   Wut   ___ / 10   Aerger   ___/ 10

Ich bin stolz auf mich, weil

_____

_____

_____

_____

Welche drei Gefühle herrschen im Moment in mir vor:

1. _____ 2.. _____3. _____

Warum fühle ich im Moment verstärkt:

Gefühl Nummer 1

Gefühl Nummer 2

Gefühl Nummer 3

Bin ich durch diese Gefühle im Moment besonders angespannt? Und wenn ja, was kann ich gegen diese Anspannung unternehmen?

Welche zwischenmenschlichen Konflikte habe ich im Moment?

_____
_____
_____
_____
_____
_____
_____

Wie könnte man diese lösen?

_____
_____
_____
_____
_____
_____

Notizen und Gedanken

_____
_____
_____
_____
_____
_____

Es ist Abend, der Tag neigt sich dem Ende zu....

So fühle ich mich im Moment:

Energie ___ / 10   Anspannung   ___ / 10   Grübelei ___/ 10

Freude ___ / 10   Traurigkeit ___ / 10   Angst   ___/ 10

Antrieb ___ / 10   Wut   ___ / 10   Aerger ___/ 10

Wann hatte ich heute am Tag die grösste Anspannung gehabt und warum?

_____

_____

_____

_____

Habe ich heute etwas gemacht, bei dem ich lieber auf mich Acht gegeben hätte und ich „Nein" sagen sollte?   ja/nein

Wenn ja, um was hat es sich gehandelt?

_____

_____

_____

_____

Wann ging es mir heute besonders gut und warum?

_____

_____

_____

_____

Ueber was habe ich mich heute gefreut?

_____

_____

_____

_____

Ueber was habe ich mich heute geärgert?

_____

_____

_____

_____

Was habe ich heute ganz besonders gut gemacht und mit was habe ich mich dann belohnt?

_____

_____

_____

_____

Würde ich morgen etwas anders machen und wenn ja, was?

_____

_____

_____

_____

Das hat mich heute gedanklich am meisten beschäftigt:

_____

_____

_____

_____

_____

_____

_____

_____

_____

_____

_____

_____

_____.

_____

_____

_____

_____

_____.

...und diese Gedanken lasse ich jetzt an mir vorbeiziehen, weil ich auch morgen
noch darüber nachdenken kann.

Ich wünsche mir eine Gute Nacht und freue mich auf den nächsten Tag!

Ein neuer Tag beginnt........

Datum _____

Wochentag _____

Heute aufgestanden um _____Uhr

Eingeschlafen um _____Uhr

Schlafdauer insgesamt _____h

So habe ich geschlafen: gut oder   schlecht, weil ich

☐ Alpträume   hatte

☐ Einschlafstörungen

☐ Durchschlaftstörungen

☐ Früherwachen

So fühle ich mich im Moment:

Energie ___ / 10   Anspannung ___ / 10   Grübelei ___/ 10

Freude ___ / 10   Traurigkeit ___ / 10   Angst ___/ 10

Antrieb ___ / 10   Wut ___ / 10   Aerger ___/ 10

Ich bin stolz auf mich, weil

_____

_____

_____

_____

Welche drei Gefühle herrschen im Moment in mir vor:

1. _____ 2.. _____3. _____

Warum fühle ich im Moment verstärkt:

Gefühl Nummer 1

_____

_____

_____

_____

Gefühl Nummer 2

_____

_____

_____

_____

Gefühl Nummer 3

_____

_____

_____

_____

Bin ich durch diese Gefühle im Moment besonders angespannt? Und wenn ja, was kann ich gegen diese Anspannung unternehmen?

_____

_____

_____

_____

_____

_____

Welche zwischenmenschlichen Konflikte habe ich im Moment?

_____

_____

_____

_____

_____

_____

_____

Wie könnte man diese lösen?

_____

_____

_____

_____

_____

_____

Notizen und Gedanken

_____

_____

_____

_____

_____

_____

Es ist Abend, der Tag neigt sich dem Ende zu....

So fühle ich mich im Moment:

Energie ___ / 10   Anspannung ___ / 10   Grübelei ___/ 10

Freude ___ / 10   Traurigkeit ___ / 10   Angst ___/ 10

Antrieb ___ / 10   Wut ___ / 10   Aerger ___/ 10

Wann hatte ich heute am Tag die grösste Anspannung gehabt und warum?

_____

_____

_____

_____

Habe ich heute etwas gemacht, bei dem ich lieber auf mich Acht gegeben hätte
und ich „Nein" sagen sollte?   ja/nein
Wenn ja, um was hat es sich gehandelt?

_____

_____

_____

_____

Wann ging es mir heute besonders gut und warum?

_____

_____

_____

_____

Ueber was habe ich mich heute gefreut?

_____

_____

_____

_____

Ueber was habe ich mich heute geärgert?

_____

_____

_____

_____

Was habe ich heute ganz besonders gut gemacht und mit was habe ich mich dann belohnt?

_____

_____

_____

_____

Würde ich morgen etwas anders machen und wenn ja, was?

_____

_____

_____

_____

Das hat mich heute gedanklich am meisten beschäftigt:

_____

_____

_____

_____

_____

_____

_____

_____

_____

_____

_____

_____

_____.

_____

_____

_____

_____

_____

_____.

.und diese Gedanken lasse ich jetzt an mir vorbeiziehen, weil ich auch morgen noch darüber nachdenken kann.

Ich wünsche mir eine Gute Nacht und freue mich auf den nächsten Tag!

Ein neuer Tag beginnt........

Datum _____   Heute aufgestanden um _____Uhr

Wochentag _____   Eingeschlafen um   _____Uhr

                            Schlafdauer insgesamt _____h

So habe ich geschlafen: gut oder   schlecht, weil ich

    ☐   Alpträume   hatte

    ☐   Einschlafstörungen

    ☐   Durchschlaftstörungen

    ☐   Früherwachen

So fühle ich mich im Moment:

Energie ___ / 10   Anspannung   ___ / 10   Grübelei ___/ 10

Freude ___ / 10   Traurigkeit ___ / 10   Angst   ___/ 10

Antrieb ___ / 10   Wut   ___ / 10   Aerger   ___/ 10

Ich bin stolz auf mich, weil

_____

_____

_____

_____

Welche drei Gefühle herrschen im Moment in mir vor:

1. _____ 2.. _____3. _____

Warum fühle ich im Moment verstärkt:

Gefühl Nummer 1

_____

_____

_____

_____

Gefühl Nummer 2

_____

_____

_____

_____

Gefühl Nummer 3

_____

_____

_____

_____

Bin ich durch diese Gefühle im Moment besonders angespannt? Und wenn ja, was kann ich gegen diese Anspannung unternehmen?

_____

_____

_____

_____

_____

_____

Welche zwischenmenschlichen Konflikte habe ich im Moment?

———————————————————————————————————————

———————————————————————————————————————

———————————————————————————————————————

———————————————————————————————————————

———————————————————————————————————————

———————————————————————————————————————

———————————————————————————————————————

Wie könnte man diese lösen?

———————————————————————————————————————

———————————————————————————————————————

———————————————————————————————————————

———————————————————————————————————————

———————————————————————————————————————

———————————————————————————————————————

Notizen und Gedanken

———————————————————————————————————————

———————————————————————————————————————

———————————————————————————————————————

———————————————————————————————————————

———————————————————————————————————————

———————————————————————————————————————

Es ist Abend, der Tag neigt sich dem Ende zu....

So fühle ich mich im Moment:

Energie ___ / 10   Anspannung ___ / 10   Grübelei ___/ 10

Freude ___ / 10   Traurigkeit ___ / 10   Angst ___/ 10

Antrieb ___ / 10   Wut   ___ / 10   Aerger ___/ 10

Wann hatte ich heute am Tag die grösste Anspannung gehabt und warum?

_____

_____

_____

_____

Habe ich heute etwas gemacht, bei dem ich lieber auf mich Acht gegeben hätte
und ich „Nein" sagen sollte?   ja/nein
Wenn ja, um was hat es sich gehandelt?

_____

_____

_____

_____

Wann ging es mir heute besonders gut und warum?

_____

_____

_____

_____

Ueber was habe ich mich heute gefreut?

_____

_____

_____

_____

Ueber was habe ich mich heute geärgert?

_____

_____

_____

_____

Was habe ich heute ganz besonders gut gemacht und mit was habe ich mich dann
belohnt?

_____

_____

_____

_____

Würde ich morgen etwas anders machen und wenn ja, was?

_____

_____

_____

_____

Das hat mich heute gedanklich am meisten beschäftigt:

_____

_____

_____

_____

_____

_____

_____

_____

_____

_____

_____

_____

_____

_____

_____

_____

_____

_____

...und diese Gedanken lasse ich jetzt an mir vorbeiziehen, weil ich auch morgen noch darüber nachdenken kann.

Ich wünsche mir eine Gute Nacht und freue mich auf den nächsten Tag!

Ein neuer Tag beginnt........

Datum _____   Heute aufgestanden um _____Uhr

Wochentag _____   Eingeschlafen um   _____Uhr

                               Schlafdauer insgesamt _____h

So habe ich geschlafen: gut oder   schlecht, weil ich

☐   Alpträume   hatte

☐   Einschlafstörungen

☐   Durchschlaftstörungen

☐   Früherwachen

So fühle ich mich im Moment:

Energie ___ / 10   Anspannung   ___ / 10   Grübelei ___/ 10

Freude ___ / 10   Traurigkeit ___ / 10   Angst   ___/ 10

Antrieb ___ / 10   Wut   ___ / 10   Aerger   ___/ 10

Ich bin stolz auf mich, weil

_____

_____

_____

_____

Welche drei Gefühle herrschen im Moment in mir vor:

1. _____   2.. _____ 3. _____

Warum fühle ich im Moment verstärkt:

Gefühl Nummer 1

_____

_____

_____

_____

Gefühl Nummer 2

_____

_____

_____

_____

Gefühl Nummer 3

_____

_____

_____

_____

Bin ich durch diese Gefühle im Moment besonders angespannt? Und wenn ja, was kann ich gegen diese Anspannung unternehmen?

_____

_____

_____

_____

_____

_____

Welche zwischenmenschlichen Konflikte habe ich im Moment?

_____

_____

_____

_____

_____

_____

_____

Wie könnte man diese lösen?

_____

_____

_____

_____

_____

_____

Notizen und Gedanken

_____

_____

_____

_____

_____

_____

Es ist Abend, der Tag neigt sich dem Ende zu....

So fühle ich mich im Moment:

Energie ___ / 10   Anspannung ___ / 10   Grübelei ___/ 10

Freude ___ / 10   Traurigkeit ___ / 10   Angst   ___/ 10

Antrieb ___ / 10   Wut   ___ / 10   Aerger   ___/ 10

Wann hatte ich heute am Tag die grösste Anspannung gehabt und warum?

_____

_____

_____

_____

Habe ich heute etwas gemacht, bei dem ich lieber auf mich Acht gegeben hätte
und ich „Nein" sagen sollte?   ja/nein
Wenn ja, um was hat es sich gehandelt?

_____

_____

_____

_____

Wann ging es mir heute besonders gut und warum?

_____

_____

_____

_____

Ueber was habe ich mich heute gefreut?

_____

_____

_____

_____

Ueber was habe ich mich heute geärgert?

_____

_____

_____

_____

Was habe ich heute ganz besonders gut gemacht und mit was habe ich mich dann belohnt?

_____

_____

_____

_____

Würde ich morgen etwas anders machen und wenn ja, was?

_____

_____

_____

_____

Das hat mich heute gedanklich am meisten beschäftigt:

_____

_____

_____

_____

_____

_____

_____

_____

_____

_____

_____

_____

_____.

_____

_____

_____

_____

_____.

...und diese Gedanken lasse ich jetzt an mir vorbeiziehen, weil ich auch morgen noch darüber nachdenken kann.

Ich wünsche mir eine Gute Nacht und freue mich auf den nächsten Tag!

Ein neuer Tag beginnt........

Datum _____   Heute aufgestanden um _____Uhr
Wochentag _____   Eingeschlafen um   _____Uhr
                               Schlafdauer insgesamt _____h

So habe ich geschlafen: gut oder   schlecht, weil ich
- ☐   Alpträume   hatte
- ☐   Einschlafstörungen
- ☐   Durchschlaftstörungen
- ☐   Früherwachen

So fühle ich mich im Moment:

Energie ___ / 10   Anspannung   ___ / 10   Grübelei ___/ 10
Freude ___ / 10   Traurigkeit   ___ / 10   Angst   ___/ 10
Antrieb ___ / 10   Wut   ___ / 10   Aerger   ___/ 10

Ich bin stolz auf mich, weil

_____
_____
_____
_____

Welche drei Gefühle herrschen im Moment in mir vor:

1. _____ 2.. _____3. _____

Warum fühle ich im Moment verstärkt:

Gefühl Nummer 1

_____

_____

_____

_____

Gefühl Nummer 2

_____

_____

_____

_____

Gefühl Nummer 3

_____

_____

_____

_____

Bin ich durch diese Gefühle im Moment besonders angespannt? Und wenn ja, was kann ich gegen diese Anspannung unternehmen?

_____

_____

_____

_____

_____

_____

Welche zwischenmenschlichen Konflikte habe ich im Moment?

_____

_____

_____

_____

_____

_____

_____

Wie könnte man diese lösen?

_____

_____

_____

_____

_____

_____

Notizen und Gedanken

_____

_____

_____

_____

_____

_____

Es ist Abend, der Tag neigt sich dem Ende zu....

So fühle ich mich im Moment:

Energie ___ / 10   Anspannung ___ / 10   Grübelei ___/ 10

Freude ___ / 10   Traurigkeit ___ / 10   Angst ___/ 10

Antrieb ___ / 10   Wut ___ / 10   Aerger ___/ 10

Wann hatte ich heute am Tag die grösste Anspannung gehabt und warum?

_____

_____

_____

_____

Habe ich heute etwas gemacht, bei dem ich lieber auf mich Acht gegeben hätte
und ich „Nein" sagen sollte?   ja/nein
Wenn ja, um was hat es sich gehandelt?

_____

_____

_____

_____

Wann ging es mir heute besonders gut und warum?

_____

_____

_____

_____

Ueber was habe ich mich heute gefreut?

_____

_____

_____

_____

Ueber was habe ich mich heute geärgert?

_____

_____

_____

_____

Was habe ich heute ganz besonders gut gemacht und mit was habe ich mich dann belohnt?

_____

_____

_____

_____

Würde ich morgen etwas anders machen und wenn ja, was?

_____

_____

—————————————————————————————————
—————————————————————————————————

Das hat mich heute gedanklich am meisten beschäftigt:

—————————————————————————————————

—————————————————————————————————

—————————————————————————————————

—————————————————————————————————

—————————————————————————————————

—————————————————————————————————

—————————————————————————————————

—————————————————————————————————

—————————————————————————————————

—————————————————————————————————

—————————————————————————————————

—————————————————————————————————

—————————————————————————————————

—————————————————————————————————.

—————————————————————————————————

—————————————————————————————————

—————————————————————————————————

—————————————————————————————————

—————————————————————————————————

—————————————————————————————————.

.und diese Gedanken lasse ich jetzt an mir vorbeiziehen, weil ich auch morgen
noch darüber nachdenken kann.
Ich wünsche mir eine Gute Nacht und freue mich auf den nächsten Tag!

Ein neuer Tag beginnt........

Datum _____   Heute aufgestanden um _____Uhr

Wochentag _____   Eingeschlafen um   _____Uhr

                             Schlafdauer insgesamt _____h

So habe ich geschlafen: gut oder   schlecht, weil ich

☐   Alpträume   hatte

☐   Einschlafstörungen

☐   Durchschlaftstörungen

☐   Fröherwachen

So fühle ich mich im Moment:

Energie ___ / 10   Anspannung   ___ / 10   Grübelei ___/ 10

Freude ___ / 10   Traurigkeit ___ / 10   Angst   ___/ 10

Antrieb ___ / 10   Wut   ___ / 10   Aerger   ___/ 10

Ich bin stolz auf mich, weil

_____

_____

_____

_____

Welche drei Gefühle herrschen im Moment in mir vor:

1. _____ 2.. _____3. _____

Warum fühle ich im Moment verstärkt:

Gefühl Nummer 1

_____

_____

_____

_____

Gefühl Nummer 2

_____

_____

_____

_____

Gefühl Nummer 3

_____

_____

_____

_____

Bin ich durch diese Gefühle im Moment besonders angespannt? Und wenn ja, was kann ich gegen diese Anspannung unternehmen?

_____

_____

_____

_____

_____

_____

Welche zwischenmenschlichen Konflikte habe ich im Moment?

_____

_____

_____

_____

_____

_____

_____

Wie könnte man diese lösen?

_____

_____

_____

_____

_____

_____

Notizen und Gedanken

_____

_____

_____

_____

_____

_____

Es ist Abend, der Tag neigt sich dem Ende zu....

So fühle ich mich im Moment:

Energie ___ / 10   Anspannung   ___ / 10   Grübelei ___/ 10

Freude ___ / 10   Traurigkeit ___ / 10   Angst   ___/ 10

Antrieb ___ / 10   Wut   ___ / 10   Aerger   ___/ 10

Wann hatte ich heute am Tag die grösste Anspannung gehabt und warum?

_____

_____

_____

_____

Habe ich heute etwas gemacht, bei dem ich lieber auf mich Acht gegeben hätte
und ich „Nein" sagen sollte?   ja/nein
Wenn ja, um was hat es sich gehandelt?

_____

_____

_____

_____

Wann ging es mir heute besonders gut und warum?

_____

_____

_____

_____

Ueber was habe ich mich heute gefreut?

_____

_____

_____

_____

Ueber was habe ich mich heute geärgert?

_____

_____

_____

_____

Was habe ich heute ganz besonders gut gemacht und mit was habe ich mich dann belohnt?

_____

_____

_____

_____

Würde ich morgen etwas anders machen und wenn ja, was?

_____

_____

_____

_____

Das hat mich heute gedanklich am meisten beschäftigt:

_____

_____

_____

_____

_____

_____

_____

_____

_____

_____

_____

_____

_____

_____

_____

_____

...und diese Gedanken lasse ich jetzt an mir vorbeiziehen, weil ich auch morgen
noch darüber nachdenken kann.

Ich wünsche mir eine Gute Nacht und freue mich auf den nächsten Tag!

Ein neuer Tag beginnt........

Datum _____   Heute aufgestanden um _____Uhr
Wochentag _____   Eingeschlafen um   _____Uhr
                               Schlafdauer insgesamt _____h

So habe ich geschlafen: gut oder   schlecht, weil ich
- ☐   Alpträume   hatte
- ☐   Einschlafstörungen
- ☐   Durchschlaftstörungen
- ☐   Früherwachen

So fühle ich mich im Moment:

Energie ___ / 10   Anspannung   ___ / 10   Grübelei ___/ 10
Freude ___ / 10   Traurigkeit ___ / 10   Angst   ___/ 10
Antrieb ___ / 10   Wut   ___ / 10   Aerger   ___/ 10

Ich bin stolz auf mich, weil

_____
_____
_____
_____

Welche drei Gefühle herrschen im Moment in mir vor:

1. _____ 2.. _____3. _____

Warum fühle ich im Moment verstärkt:

Gefühl Nummer 1

_____

_____

_____

_____

Gefühl Nummer 2

_____

_____

_____

_____

Gefühl Nummer 3

_____

_____

_____

_____

Bin ich durch diese Gefühle im Moment besonders angespannt? Und wenn ja, was kann ich gegen diese Anspannung unternehmen?

_____

_____

_____

_____

_____

_____

Welche zwischenmenschlichen Konflikte habe ich im Moment?

_____

_____

_____

_____

_____

_____

_____

Wie könnte man diese lösen?

_____

_____

_____

_____

_____

_____

Notizen und Gedanken

_____

_____

_____

_____

_____

_____

Es ist Abend, der Tag neigt sich dem Ende zu....

So fühle ich mich im Moment:

Energie ___ / 10	Anspannung ___ / 10	Grübelei ___/ 10
Freude ___ / 10	Traurigkeit ___ / 10	Angst ___/ 10
Antrieb ___ / 10	Wut ___ / 10	Aerger ___/ 10

Wann hatte ich heute am Tag die grösste Anspannung gehabt und warum?

_____

_____

_____

_____

Habe ich heute etwas gemacht, bei dem ich lieber auf mich Acht gegeben hätte
und ich „Nein" sagen sollte?   ja/nein
Wenn ja, um was hat es sich gehandelt?

_____

_____

_____

_____

Wann ging es mir heute besonders gut und warum?

_____

_____

_____

_____

Ueber was habe ich mich heute gefreut?

_____

_____

_____

_____

Ueber was habe ich mich heute geärgert?

_____

_____

_____

_____

Was habe ich heute ganz besonders gut gemacht und mit was habe ich mich dann belohnt?

_____

_____

_____

_____

Würde ich morgen etwas anders machen und wenn ja, was?

_____

_____

_____
_____

Das hat mich heute gedanklich am meisten beschäftigt:

_____

_____

_____

_____

_____

_____

_____

_____

_____

_____

_____

_____

_____

_____

_____

_____

_____

_____

...und diese Gedanken lasse ich jetzt an mir vorbeiziehen, weil ich auch morgen noch darüber nachdenken kann.

Ich wünsche mir eine Gute Nacht und freue mich auf den nächsten Tag!

Ein neuer Tag beginnt........

Datum _____   Heute aufgestanden um _____Uhr
Wochentag _____   Eingeschlafen um   _____Uhr
                               Schlafdauer insgesamt _____h

So habe ich geschlafen: gut oder   schlecht, weil ich

☐   Alpträume   hatte

☐   Einschlafstörungen

☐   Durchschlaftstörungen

☐   Früherwachen

So fühle ich mich im Moment:

Energie ___ / 10   Anspannung   ___ / 10   Grübelei ___/ 10

Freude ___ / 10   Traurigkeit ___ / 10   Angst   ___/ 10

Antrieb ___ / 10   Wut   ___ / 10   Aerger   ___/ 10

Ich bin stolz auf mich, weil

_____

_____

_____

_____

Welche drei Gefühle herrschen im Moment in mir vor:

1. _____ 2.. _____3. _____

Warum fühle ich im Moment verstärkt:

Gefühl Nummer 1

_____

_____

_____

_____

Gefühl Nummer 2

_____

_____

_____

_____

Gefühl Nummer 3

_____

_____

_____

_____

Bin ich durch diese Gefühle im Moment besonders angespannt? Und wenn ja, was kann ich gegen diese Anspannung unternehmen?

_____

_____

_____

_____

_____

_____

Welche zwischenmenschlichen Konflikte habe ich im Moment?

_____

_____

_____

_____

_____

_____

_____

Wie könnte man diese lösen?

_____

_____

_____

_____

_____

_____

Notizen und Gedanken

_____

_____

_____

_____

_____

_____

Es ist Abend, der Tag neigt sich dem Ende zu....

So fühle ich mich im Moment:

Energie ___ / 10 Anspannung ___ / 10 Grübelei ___/ 10

Freude ___ / 10 Traurigkeit ___ / 10 Angst ___/ 10

Antrieb ___ / 10 Wut ___ / 10 Aerger ___/ 10

Wann hatte ich heute am Tag die grösste Anspannung gehabt und warum?

_____

_____

_____

_____

Habe ich heute etwas gemacht, bei dem ich lieber auf mich Acht gegeben hätte
und ich „Nein" sagen sollte?   ja/nein
Wenn ja, um was hat es sich gehandelt?

_____

_____

_____

_____

Wann ging es mir heute besonders gut und warum?

_____

_____

_____

_____

Ueber was habe ich mich heute gefreut?

_____

_____

_____

_____

Ueber was habe ich mich heute geärgert?

_____

_____

_____

_____

Was habe ich heute ganz besonders gut gemacht und mit was habe ich mich dann belohnt?

_____

_____

_____

_____

Würde ich morgen etwas anders machen und wenn ja, was?

_____

_____

_____

_____

Das hat mich heute gedanklich am meisten beschäftigt:

_____

_____

_____

_____

_____

_____

_____

_____

_____

_____

_____

_____

_____.

_____

_____

_____

_____

_____.

...und diese Gedanken lasse ich jetzt an mir vorbeiziehen, weil ich auch morgen noch darüber nachdenken kann.

Ich wünsche mir eine Gute Nacht und freue mich auf den nächsten Tag!

Ein neuer Tag beginnt........

Datum _____   Heute aufgestanden um _____Uhr

Wochentag _____   Eingeschlafen um   _____Uhr

                            Schlafdauer insgesamt _____h

So habe ich geschlafen: gut oder   schlecht, weil ich

☐   Alpträume   hatte

☐   Einschlafstörungen

☐   Durchschlaftstörungen

☐   Früherwachen

So fühle ich mich im Moment:

Energie ___ / 10   Anspannung   ___ / 10   Grübelei ___/ 10

Freude ___ / 10   Traurigkeit ___ / 10   Angst   ___/ 10

Antrieb ___ / 10   Wut   ___ / 10   Aerger   ___/ 10

Ich bin stolz auf mich, weil

_____

_____

_____

_____

Welche drei Gefühle herrschen im Moment in mir vor:

1. _____ 2.. _____3. _____

Warum fühle ich im Moment verstärkt:

Gefühl Nummer 1

_____

_____

_____

_____

Gefühl Nummer 2

_____

_____

_____

_____

Gefühl Nummer 3

_____

_____

_____

_____

Bin ich durch diese Gefühle im Moment besonders angespannt? Und wenn ja, was kann ich gegen diese Anspannung unternehmen?

_____

_____

_____

_____

_____

_____

Welche zwischenmenschlichen Konflikte habe ich im Moment?

_____

_____

_____

_____

_____

_____

_____

Wie könnte man diese lösen?

_____

_____

_____

_____

_____

_____

Notizen und Gedanken

_____

_____

_____

_____

_____

_____

Es ist Abend, der Tag neigt sich dem Ende zu....

So fühle ich mich im Moment:

Energie ___ / 10	Anspannung ___ / 10	Grübelei ___/ 10
Freude ___ / 10	Traurigkeit ___ / 10	Angst ___/ 10
Antrieb ___ / 10	Wut ___ / 10	Aerger ___/ 10

Wann hatte ich heute am Tag die grösste Anspannung gehabt und warum?

_____

_____

_____

_____

Habe ich heute etwas gemacht, bei dem ich lieber auf mich Acht gegeben hätte und ich „Nein" sagen sollte?   ja/nein

Wenn ja, um was hat es sich gehandelt?

_____

_____

_____

_____

Wann ging es mir heute besonders gut und warum?

_____

_____

_____

_____

Ueber was habe ich mich heute gefreut?

_____

_____

_____

_____

Ueber was habe ich mich heute geärgert?

_____

_____

_____

_____

Was habe ich heute ganz besonders gut gemacht und mit was habe ich mich dann belohnt?

_____

_____

_____

_____

Würde ich morgen etwas anders machen und wenn ja, was?

_____

_____

_____

_____

Das hat mich heute gedanklich am meisten beschäftigt:

_____

_____

_____

_____

_____

_____

_____

_____

_____

_____

_____

_____

_____

_____.

_____

_____

_____

_____

_____.

...und diese Gedanken lasse ich jetzt an mir vorbeiziehen, weil ich auch morgen noch darüber nachdenken kann.

Ich wünsche mir eine Gute Nacht und freue mich auf den nächsten Tag!

Ein neuer Tag beginnt........

Datum _____   Heute aufgestanden um _____Uhr

Wochentag _____   Eingeschlafen um   _____Uhr

                               Schlafdauer insgesamt _____h

So habe ich geschlafen: gut oder   schlecht, weil ich

☐   Alpträume   hatte

☐   Einschlafstörungen

☐   Durchschlaftstörungen

☐   Früherwachen

So fühle ich mich im Moment:

Energie ___ / 10   Anspannung   ___ / 10   Grübelei ___/ 10

Freude ___ / 10   Traurigkeit ___ / 10   Angst   ___/ 10

Antrieb ___ / 10   Wut   ___ / 10   Aerger   ___/ 10

Ich bin stolz auf mich, weil

_____

_____

_____

_____

Welche drei Gefühle herrschen im Moment in mir vor:

1. _____ 2.. _____ 3. _____

Warum fühle ich im Moment verstärkt:

Gefühl Nummer 1

_____

_____

_____

_____

Gefühl Nummer 2

_____

_____

_____

_____

Gefühl Nummer 3

_____

_____

_____

_____

Bin ich durch diese Gefühle im Moment besonders angespannt? Und wenn ja, was kann ich gegen diese Anspannung unternehmen?

_____

_____

_____

_____

_____

_____

Welche zwischenmenschlichen Konflikte habe ich im Moment?

_____

_____

_____

_____

_____

_____

_____

Wie könnte man diese lösen?

_____

_____

_____

_____

_____

_____

Notizen und Gedanken

_____

_____

_____

_____

_____

_____

Es ist Abend, der Tag neigt sich dem Ende zu....

So fühle ich mich im Moment:

Energie ___ / 10   Anspannung ___ / 10   Grübelei ___/ 10

Freude ___ / 10   Traurigkeit ___ / 10   Angst ___/ 10

Antrieb ___ / 10   Wut   ___ / 10   Aerger ___/ 10

Wann hatte ich heute am Tag die grösste Anspannung gehabt und warum?

_____

_____

_____

_____

Habe ich heute etwas gemacht, bei dem ich lieber auf mich Acht gegeben hätte
und ich „Nein" sagen sollte?   ja/nein
Wenn ja, um was hat es sich gehandelt?

_____

_____

_____

_____

Wann ging es mir heute besonders gut und warum?

_____

_____

_____

_____

Ueber was habe ich mich heute gefreut?

_____

_____

_____

_____

Ueber was habe ich mich heute geärgert?

_____

_____

_____

_____

Was habe ich heute ganz besonders gut gemacht und mit was habe ich mich dann belohnt?

_____

_____

_____

_____

Würde ich morgen etwas anders machen und wenn ja, was?

_____

_____

_____

_____

Das hat mich heute gedanklich am meisten beschäftigt:

_____

_____

_____

_____

_____

_____

_____

_____

_____

_____

_____

_____

_____.

_____

_____

_____

_____

_____.

.und diese Gedanken lasse ich jetzt an mir vorbeiziehen, weil ich auch morgen
noch darüber nachdenken kann.
Ich wünsche mir eine Gute Nacht und freue mich auf den nächsten Tag!

Ein neuer Tag beginnt........

Datum _____   Heute aufgestanden um _____Uhr
Wochentag _____   Eingeschlafen um   _____Uhr
                              Schlafdauer insgesamt _____h

So habe ich geschlafen: gut oder   schlecht, weil ich
- ☐   Alpträume   hatte
- ☐   Einschlafstörungen
- ☐   Durchschlaftstörungen
- ☐   Früherwachen

So fühle ich mich im Moment:

Energie ___ / 10   Anspannung   ___ / 10   Grübelei ___/ 10
Freude ___ / 10   Traurigkeit ___ / 10   Angst   ___/ 10
Antrieb ___ / 10   Wut   ___ / 10   Aerger   ___/ 10

Ich bin stolz auf mich, weil

_____
_____
_____
_____

Welche drei Gefühle herrschen im Moment in mir vor:

1. _____ 2.. _____ 3. _____

Warum fühle ich im Moment verstärkt:

Gefühl Nummer 1

Gefühl Nummer 2

Gefühl Nummer 3

Bin ich durch diese Gefühle im Moment besonders angespannt? Und wenn ja, was kann ich gegen diese Anspannung unternehmen?

Welche zwischenmenschlichen Konflikte habe ich im Moment?

_____

_____

_____

_____

_____

_____

_____

Wie könnte man diese lösen?

_____

_____

_____

_____

_____

_____

Notizen und Gedanken

_____

_____

_____

_____

_____

_____

Es ist Abend, der Tag neigt sich dem Ende zu....

So fühle ich mich im Moment:

Energie ___ / 10   Anspannung ___ / 10   Grübelei ___/ 10

Freude ___ / 10   Traurigkeit ___ / 10   Angst ___/ 10

Antrieb ___ / 10   Wut ___ / 10   Aerger ___/ 10

Wann hatte ich heute am Tag die grösste Anspannung gehabt und warum?

_____

_____

_____

_____

Habe ich heute etwas gemacht, bei dem ich lieber auf mich Acht gegeben hätte
und ich „Nein" sagen sollte?   ja/nein
Wenn ja, um was hat es sich gehandelt?

_____

_____

_____

_____

Wann ging es mir heute besonders gut und warum?

_____

_____

_____

_____

Ueber was habe ich mich heute gefreut?

_____

_____

_____

_____

Ueber was habe ich mich heute geärgert?

_____

_____

_____

_____

Was habe ich heute ganz besonders gut gemacht und mit was habe ich mich dann belohnt?

_____

_____

_____

_____

Würde ich morgen etwas anders machen und wenn ja, was?

_____

_____

_____

_____

Das hat mich heute gedanklich am meisten beschäftigt:

_____

_____

_____

_____

_____

_____

_____

_____

_____

_____

_____

_____

_____.

_____

_____

_____

_____

_____.

...und diese Gedanken lasse ich jetzt an mir vorbeiziehen, weil ich auch morgen noch darüber nachdenken kann.

Ich wünsche mir eine Gute Nacht und freue mich auf den nächsten Tag!

Ein neuer Tag beginnt........

Datum _____   Heute aufgestanden um _____Uhr

Wochentag _____   Eingeschlafen um   _____Uhr

                               Schlafdauer insgesamt _____h

So habe ich geschlafen: gut oder   schlecht, weil ich

☐   Alpträume   hatte

☐   Einschlafstörungen

☐   Durchschlaftstörungen

☐   Früherwachen

So fühle ich mich im Moment:

Energie ___ / 10   Anspannung   ___ / 10   Gröbelei ___/ 10

Freude ___ / 10   Traurigkeit ___ / 10   Angst   ___/ 10

Antrieb ___ / 10   Wut   ___ / 10   Aerger   ___/ 10

Ich bin stolz auf mich, weil

_____

_____

_____

_____

Welche drei Gefühle herrschen im Moment in mir vor:

1. _____ 2.. _____ 3. _____

Warum fühle ich im Moment verstärkt:

Gefühl Nummer 1

————————————————————————————————————

————————————————————————————————————

————————————————————————————————————

————————————————————————————————————

Gefühl Nummer 2

————————————————————————————————————

————————————————————————————————————

————————————————————————————————————

————————————————————————————————————

Gefühl Nummer 3

————————————————————————————————————

————————————————————————————————————

————————————————————————————————————

————————————————————————————————————

Bin ich durch diese Gefühle im Moment besonders angespannt? Und wenn ja, was kann ich gegen diese Anspannung unternehmen?

————————————————————————————————————

————————————————————————————————————

————————————————————————————————————

————————————————————————————————————

————————————————————————————————————

————————————————————————————————————

Welche zwischenmenschlichen Konflikte habe ich im Moment?

_____

_____

_____

_____

_____

_____

_____

Wie könnte man diese lösen?

_____

_____

_____

_____

_____

_____

Notizen und Gedanken

_____

_____

_____

_____

_____

_____

Es ist Abend, der Tag neigt sich dem Ende zu....

So fühle ich mich im Moment:

Energie ___ / 10   Anspannung ___ / 10   Grübelei ___/ 10

Freude ___ / 10   Traurigkeit ___ / 10   Angst ___/ 10

Antrieb ___ / 10   Wut ___ / 10   Aerger ___/ 10

Wann hatte ich heute am Tag die grösste Anspannung gehabt und warum?

_____

_____

_____

_____

Habe ich heute etwas gemacht, bei dem ich lieber auf mich Acht gegeben hätte
und ich „Nein" sagen sollte?   ja/nein
Wenn ja, um was hat es sich gehandelt?

_____

_____

_____

_____

Wann ging es mir heute besonders gut und warum?

_____

_____

_____

_____

Ueber was habe ich mich heute gefreut?

_____

_____

_____

_____

Ueber was habe ich mich heute geärgert?

_____

_____

_____

_____

Was habe ich heute ganz besonders gut gemacht und mit was habe ich mich dann belohnt?

_____

_____

_____

_____

Würde ich morgen etwas anders machen und wenn ja, was?

_____

_____

_____

_____

Das hat mich heute gedanklich am meisten beschäftigt:

_____

_____

_____

_____

_____

_____

_____

_____

_____

_____

_____

_____

_____

_____.

_____

_____

_____

_____

_____.

.und diese Gedanken lasse ich jetzt an mir vorbeiziehen, weil ich auch morgen noch darüber nachdenken kann.

Ich wünsche mir eine Gute Nacht und freue mich auf den nächsten Tag!

Ein neuer Tag beginnt........

Datum _____

Wochentag _____

Heute aufgestanden um _____Uhr

Eingeschlafen um _____Uhr

Schlafdauer insgesamt _____h

So habe ich geschlafen: gut oder   schlecht, weil ich

☐ Alpträume   hatte

☐ Einschlafstörungen

☐ Durchschlaftstörungen

☐ Früherwachen

So fühle ich mich im Moment:

Energie ___ / 10   Anspannung ___ / 10   Grübelei ___/ 10

Freude ___ / 10   Traurigkeit ___ / 10   Angst ___/ 10

Antrieb ___ / 10   Wut ___ / 10   Aerger ___/ 10

Ich bin stolz auf mich, weil

_____

_____

_____

_____

Welche drei Gefühle herrschen im Moment in mir vor:

1. _____ 2.. _____ 3. _____

Warum fühle ich im Moment verstärkt:

Gefühl Nummer 1

_____

_____

_____

_____

Gefühl Nummer 2

_____

_____

_____

_____

Gefühl Nummer 3

_____

_____

_____

_____

Bin ich durch diese Gefühle im Moment besonders angespannt? Und wenn ja, was
kann ich gegen diese Anspannung unternehmen?

_____

_____

_____

_____

_____

_____

Welche zwischenmenschlichen Konflikte habe ich im Moment?

_____

_____

_____

_____

_____

_____

_____

Wie könnte man diese lösen?

_____

_____

_____

_____

_____

_____

Notizen und Gedanken

_____

_____

_____

_____

_____

_____

Es ist Abend, der Tag neigt sich dem Ende zu....

So fühle ich mich im Moment:

Energie ___ / 10	Anspannung ___ / 10	Grübelei ___/ 10
Freude ___ / 10	Traurigkeit ___ / 10	Angst ___/ 10
Antrieb ___ / 10	Wut ___ / 10	Aerger ___/ 10

Wann hatte ich heute am Tag die grösste Anspannung gehabt und warum?

_____

_____

_____

_____

Habe ich heute etwas gemacht, bei dem ich lieber auf mich Acht gegeben hätte
und ich „Nein" sagen sollte?   ja/nein
Wenn ja, um was hat es sich gehandelt?

_____

_____

_____

_____

Wann ging es mir heute besonders gut und warum?

_____

_____

_____

_____

Ueber was habe ich mich heute gefreut?

_____

_____

_____

_____

Ueber was habe ich mich heute geärgert?

_____

_____

_____

_____

Was habe ich heute ganz besonders gut gemacht und mit was habe ich mich dann belohnt?

_____

_____

_____

_____

Würde ich morgen etwas anders machen und wenn ja, was?

_____

_____

_____

_____

Das hat mich heute gedanklich am meisten beschäftigt:

_____

_____

_____

_____

_____

_____

_____

_____

_____

_____

_____

_____

_____.

_____

_____

_____

_____

_____.

.und diese Gedanken lasse ich jetzt an mir vorbeiziehen, weil ich auch morgen noch darüber nachdenken kann.

Ich wünsche mir eine Gute Nacht und freue mich auf den nächsten Tag!

Ein neuer Tag beginnt........

Datum _____   Heute aufgestanden um _____Uhr

Wochentag _____   Eingeschlafen um   _____Uhr

                               Schlafdauer insgesamt _____h

So habe ich geschlafen: gut oder   schlecht, weil ich

☐   Alpträume   hatte

☐   Einschlafstörungen

☐   Durchschlaftstörungen

☐   Früherwachen

So fühle ich mich im Moment:

Energie ___ / 10   Anspannung   ___ / 10   Grübelei ___/ 10

Freude ___ / 10   Traurigkeit ___ / 10   Angst   ___/ 10

Antrieb ___ / 10   Wut   ___ / 10   Aerger   ___/ 10

Ich bin stolz auf mich, weil

_____

_____

_____

_____

Welche drei Gefühle herrschen im Moment in mir vor:

1. _____ 2.. _____3. _____

Warum fühle ich im Moment verstärkt:

Gefühl Nummer 1

_____

_____

_____

_____

Gefühl Nummer 2

_____

_____

_____

_____

Gefühl Nummer 3

_____

_____

_____

_____

Bin ich durch diese Gefühle im Moment besonders angespannt? Und wenn ja, was
kann ich gegen diese Anspannung unternehmen?

_____

_____

_____

_____

_____

_____

Welche zwischenmenschlichen Konflikte habe ich im Moment?

_____

_____

_____

_____

_____

_____

_____

Wie könnte man diese lösen?

_____

_____

_____

_____

_____

_____

Notizen und Gedanken

_____

_____

_____

_____

_____

_____

Es ist Abend, der Tag neigt sich dem Ende zu....

So fühle ich mich im Moment:

Energie ___ / 10   Anspannung ___ / 10   Grübelei ___/ 10

Freude ___ / 10   Traurigkeit ___ / 10   Angst ___/ 10

Antrieb ___ / 10   Wut ___ / 10   Aerger ___/ 10

Wann hatte ich heute am Tag die grösste Anspannung gehabt und warum?

_____

_____

_____

_____

Habe ich heute etwas gemacht, bei dem ich lieber auf mich Acht gegeben hätte
und ich „Nein" sagen sollte?   ja/nein
Wenn ja, um was hat es sich gehandelt?

_____

_____

_____

_____

Wann ging es mir heute besonders gut und warum?

_____

_____

_____

_____

Ueber was habe ich mich heute gefreut?

_____

_____

_____

_____

Ueber was habe ich mich heute geärgert?

_____

_____

_____

_____

Was habe ich heute ganz besonders gut gemacht und mit was habe ich mich dann belohnt?

_____

_____

_____

_____

Würde ich morgen etwas anders machen und wenn ja, was?

_____

_____

_____

_____

Das hat mich heute gedanklich am meisten beschäftigt:

_____

_____

_____

_____

_____

_____

_____

_____

_____

_____

_____

_____

_____

_____.

_____

_____

_____

_____

_____

_____.

...und diese Gedanken lasse ich jetzt an mir vorbeiziehen, weil ich auch morgen noch darüber nachdenken kann.

Ich wünsche mir eine Gute Nacht und freue mich auf den nächsten Tag!

Weitere Veröffentlichungen
von Doreen Schmidt

„Das Tagebuch gegen Depressionen"
Ein Tagebuch für depressive Menschen, die ihre Symptome
verbessern möchten.

„Das Tagebuch für meine Seele"
Eine Selbsthilfe gegen Stress, Depression und Burnout

„Mein Therapietagebuch"
Erfassung von Daten, Inhalten, Ergebnisse und Fragen für Deine
Therapiesitzungen.

„Mein Tagesplan. Eine spezielle Hilfe gegen Antriebsprobleme,,
–ein Ergänzungsbuch –
Möglichkeit Deinen Tag genau zu strukturieren, sich Ziele zu
setzen, die man erreichen kann. Den Antrieb durch Planung zu
steigern.

Herstellung und Verlag:
BoD - Books on Demand, Norderstedt
ISBN 978-3-7347-7421-8